Domination des Carthaginois et des Romains en Afrique

Domination des Carthaginois et des Romains en
Afrique

Domination des Carthaginois et des Romains en Afrique

Marc Girardin

Editions le Mono
Collection « Les Pages de l'Histoire »

ISBN : 978-2-36659-556-7
EAN : 9782366595567

Quatre dominations ont précédé en Afrique la conquête française : la domination carthaginoise, la domination romaine, la domination vandale, la domination musulmane ; et ces quatre dominations ont été durables. L'une a duré plus de sept cents ans (880-146 avant J.-C.) ; l'autre près de six cents ans, jusqu'à la conquête de l'Afrique par les Vandales, en 429 (146 avant J.-C., 429 après J.C.). Les Vandales eux-mêmes, quoique barbares, ont su fonder en Afrique un empire qui a duré plus de cent ans (429-534 après J.-C.), et cet empire a succombé sous les armes de Bélisaire, et non sous les armes des populations africaines : car, ce qu'il faut remarquer, c'est qu'en Afrique ce ne sont jamais les habitants du pays qui ont détruit les dominations étrangères.

Depuis longtemps l'Afrique est comme l'Orient ; elle n'a fait que changer de maîtres, et ces maîtres sont toujours étrangers. Les côtes de l'Afrique sur la Méditerranée sont comme l'Asie mineure, comme la Syrie, comme l'Égypte, elles appartiennent à tous les vainqueurs.

La conquête musulmane a même eu ceci de curieux, c'est qu'elle s'est plusieurs fois renouvelée en Afrique ; les tribus et les dynasties arabes se sont renversées les unes les autres sur cette terre féconde en révolutions, sans que jamais il y ait eu de dynastie qui soit née du pays. La dernière conquête musulmane a été celle de Barbe-rousse qui fonda la régence d'Alger, ce singulier gouvernement militaire que nous avons renversé en 1830.

Peut-être n'est-il, point inutile d'étudier l'histoire de ces anciennes dominations et de chercher à' expliquer le secret de leur force et leur stabilité. Cette recherche peut nous éclairer sur les difficultés que notre domination rencontre en Afrique.

Une première leçon, que je tire de l'étude des auteurs grecs et latins qui ont traité de l'Afrique, c'est qu'il faut du temps et beaucoup de temps pour s'emparer d'un pays. Carthage a mis plus de trois cents ans à s'établir solidement en Afrique ; Rome a mis plus de deux cents ans à la conquérir, et nous, nous voudrions que tout fût fini en dix ans. En Europe les guerres se font vite, surtout depuis le dernier siècle ; une campagne quelquefois achève une guerre. Trompés par ces souvenirs, nous avons cru qu'il nous suffirait aussi d'une campagne ou deux pour faire la conquête de l'Afrique.

Ajoutez que, pour augmenter nos illusions à cet égard, nous nous emparâmes, pour notre début, de la capitale de la régence, et que dans nos idées européennes, quand on a la capitale, on a tout. L'erreur était grande : l'expérience l'a prouvé. Alger n'est que la capitale nominale de la régence ; la régence n'a point de capitale, par cette excellente raison que la régence ne fait point un état, que les nattons qui l'habitent ne font point corps, comme nos nations européennes, que chaque ville vit à part, chaque tribu de même, et que la force et la puissance national, n'étant rassemblées nulle part, ne peuvent non plus être saisies nulle part. Alger était le séjour du dey ; c'était de là que sortaient les expéditions qu'il envoyait pour lever les Impôts et pour faire reconnaître sa douteuse autorité ; c'était la forteresse ou le corps de garde principal de la milice turque : ce n'était point la capitale de la régence, qui est fort éloignée de cet état de civilisation où les nations ont assez de cohésion et d'unité pour avoir une capitale.

L'état social d'une nation influe puissamment sur le genre de guerre qu'il faut lui faire. Les peuples sauvages n'étant point sensibles aux mêmes choses que les peuples civilisés, il faut les combattre et les contraindre autrement que ces derniers.

La guerre d'Afrique et la guerre d'Espagne sous l'empire ont enseigné cela de la manière la plus curieuse. En Espagne, qui est, comme on l'a dit souvent, une sorte d'Afrique européenne, il n'a guère été plus utile à Napoléon de prendre Madrid qu'à nous en Afrique à prendre Alger. C'était la capitale, mais la capitale un pays sans unité qui ne se croyait pas le moins du monde vaincu pour avoir perdu ce qu'on appelait sa capitale. Or ; il n'y a de vaincus que ceux qui croient l'être, et c'est ainsi qu'en Espagne on peut dire que la guerre ne commença véritablement qu'au moment même où en France nous la croyions finie par la prise de Madrid.

En Espagne comme en Afrique, les villes prises et les armées vaincues ne comptent jamais pour la soumission du pays. Ce n'est pas de nos jours seulement que l'on a reconnu ce caractère des guerres que l'Espagne a eu à supporter. Les Romains, qui se connaissaient en conquêtes, puisqu'ayant eu affaire à tous les peuples de la terre, ils avaient dû varier leurs systèmes de conquête selon leurs adversaires, les Romains disaient de l'Espagne qu'il n'y avait pas de pays plus propre à ranimer sans cesse la guerre, grâce à la nature des lieux et des hommes ; aussi a-t-elle eu ce privilège, dit Tite-Live, qu'ayant été la première province qu'ait attaquée les Romains, elle a été la dernière soumise.

Le temps, voilà donc la première force à l'aide de laquelle les Carthaginois et les Romains ont vaincu l'Afrique Mais le temps ne sert que ceux qui savent s'en servir. Quels sont donc les moyens employés par les Romains, et avant eux par les Carthaginois, pour soumettre l'Afrique ? Quels sont les moyens employés après eux par les Vandales, par les Arabes et par les Turcs ?

I.

La domination Carthaginoise

Nous connaissons peu l'histoire de la domination carthaginoise. Cependant, quand on lit avec attention les guerres puniques dans Tite-Live et dans Polybe, et la guerre de Jugurtha dans Salluste, en finit par se faire une idée exacte de la domination des Carthaginois en Afrique et des moyens qu'ils employaient pour assurer cette domination.

D'abord cette domination n'était ni aussi étendue ni aussi incontestée qu'on le suppose. Carthage occupait en Afrique que les côtes. Au commencement même de la seconde guerre punique, c'est-à-dire aux jours de sa plus grande splendeur, elle s'étendait sur les bords de la Méditerranée, en Afrique, depuis la petite Syrte jusqu'aux Colonnes d'Hercule ; en Europe, sur les côtes d'Espagne, depuis le détroit de Gibraltar jusqu'aux Pyrénées ; et enfin, dans les guerres puniques, il s'agissait de la possession de la Sardaigne et de la Sicile, c'est-à-dire des îles de la Méditerranée, C'est dans ces îles que les Carthaginois rencontrèrent les Romains. S'ils ne les eussent pas trouvés là, ils eussent été les chercher en Italie. Carthage, en effet, visait à la possession du bassin occidental de la Méditerranée. Le bassin oriental appartenait aux Grecs ; mais son empire ne devait s'étendre que sur les côtes de la mer. Carthage ne voulait point s'enfoncer dans les terres ; elle visait à la domination des mers, et non à la domination du continent. Elle laissait volontiers aux habitants la possession de l'intérieur, les côtes lui suffisaient ; et ce qu'il faut remarquer sur ce plan d'empire maritime, c'est qu'il répondait parfaitement, d'une part, à la situation de Carthage en Afrique, à la configuration même de cette ville, et, de l'autre, à l'état de l'Occident, lorsque Carthage commença â se développer.

En Afrique, en effet, Carthage, dans ses commencements, n'avait dû songer qu'à posséder un port. L'intérieur du pays était occupé par des peuples barbares qui eussent opiniâtrement défendu la possession des terres qu'ils cultivaient pour vivre ou qui leur servaient à faire paître leurs bestiaux, mais qui, n'ayant aucune habitude, ni aucune science de la navigation, délaissaient volontiers aux étrangers un rivage dont ils ne faisaient rien. De plus, le rivage touche près aux montagnes ; à peine reste-t-il aux bords de la Méditerranée une longue et étroite terrasse. Un empire sur les côtes de l'Afrique septentrionale manquera donc toujours de profondeur ; car, parvînt-il à soumettre les habitants du pays, il rencontre comme obstacles d'abord les montagnes, et au-delà des montagnes le grand désert. Carthage comprit admirablement ce pays, et elle se borna à la possession des côtes, sans se soucier même d'aller jusqu'aux montagnes, les laissant aux Numides qui les habitaient.

La configuration de la ville de Carthage semblait elle-même exprimer le genre de son empire. Carthage, nous dit Polybe, s'avance du fond du golfe où elle est placée sur une étroite langue de terre et fait une sorte de péninsule, ayant d'un côté la mer, de l'autre un lac qui communique à la mer. L'isthme qui la joint à l'Afrique n'a que trois mille pas de largeur. Cette position péninsulaire détourna naturellement Carthage de l'idée de fonder en Afrique un empire continental.

Enfin l'état de l'Europe occidentale à l'époque où Carthage commença à s'agrandir devait la confirmer encore dans l'idée de chercher plutôt sa puissance sur les mers que sur le continent. À cette époque l'Europe occidentale était barbare. Les Grecs avaient fondé des colonies sur quelques-unes des côtes de l'Italie et de la

Gaule ; mais la civilisation grecque n'avait point pénétré dans l'intérieur de ces contrées. Les Carthaginois ne se mirent point en tête de les conquérir pour les civiliser. Ils laissèrent les habitants à leur barbarie, firent avec eux un commerce d'autant plus avantageux qu'ils avaient affaire à des ignorants, y achetèrent des soldats pour recruter leurs armées, des esclaves pour recruter leurs flottes, pensant même peut-être que ces soldats et ces esclaves étaient d'autant plus braves et d'autant plus dociles qu'ils étaient moins instruits et moins civilisés ; ils voulurent enfin avoir en Espagne, en Corse, en Sardaigne et en Gaule, ce qu'ils avaient en Afrique, l'empire de la mer et de ses rivages, et sur terre, pour voisins, des barbares robustes et ignorants qu'ils divisaient aisément et qu'ils affaiblissaient.

Cette politique était bonne ; cependant elle avait aussi ses labeurs. Ainsi cette ceinture de peuples barbares qui, en Afrique comme en Europe, pressait de toutes parts les établissements des Carthaginois, pouvait, en se resserrant, les écraser. L'union, il est vrai, manquait aux barbares ; mais, à défaut d'une invasion générale, il y avait les incursions soudaines et le pillage.

La domination des Carthaginois en Afrique était puissante, mais elle était contestée, et c'est à quoi doit se résigner tout empire limitrophe des barbares. Les Numides ne cessaient de harceler leur territoire, et même, quand, après la seconde guerre punique, Rome, déjà toute-puissante en Afrique, eut ôté aux Carthaginois et aux Numides le droit de se faire la guerre, la lutte entre les deux peuples ne cessa pas pour cela, et Rome, d'ailleurs n'eût pas aimé qu'elle cessât ; elle s'accommodait trop bien de la division entre les Numides et les Carthaginois. Seulement ces guerres devinrent alors des procès jugés devant le sénat romain, et c'est dans les plaidoyers des parties que nous voyons la vieille antipathie des Numides contre les Carthaginois. « Si l'on invoque les droits anciens, disaient les Numides, a-t-il un seul territoire, qui appartienne légitimement aux Carthaginois en Afrique ? Ces étrangers ne peuvent revendiquer que le peu de terrain qu'ils ont obtenu de la pitié de nos ancêtres, et, hors de ce terrain, qu'ils n'ont agrandi que par ruse et en découpant en étroites lanières la peau d'un bœuf qui devait servir de mesure à leur enceinte, hors de ce terrain, tout ce qu'ils possèdent est une usurpation et un vol. »

Je trouve dans Polybe un témoignage plus curieux encore de la lutte que l'Afrique soutenait contre Carthage Après la première guerre punique, Carthage devait plusieurs années de solde à ses troupes mercenaires. Elle tardait à les payer, parce qu'elle était épuisée par les dépenses de la guerre. Les soldats se soulevèrent, Ils appelèrent à l'indépendance les villes numides, qui répondirent avec empressement à ce cri de révolte, et bientôt Carthage fut près de sa ruine. Voilà les secousses qu'éprouvait souvent la domination carthaginoise, secousses qu'il est bon de rappeler, ne fût-ce que pour prouver que, même sous les Carthaginois, même pendant cette domination qui a duré sept cents ans, l'Afrique s'est toujours remuée sous le joug.

Le récit que Polybe fait de cette guerre des mercenaires montre de quelle manière Carthage gouvernait l'Afrique. « Les Carthaginois, dit Polybe, perdaient tout à cette guerre, et les revenus que les particuliers tiraient de la culture des campagnes, et ceux que l'état tirait des villes et des tribus africaines, et enfin leur armée, que la révolte les empêchait de recruter comme à l'ordinaire parmi les Numides. » Cette phrase est importante ; elle nous apprend deux choses : 1) que les Carthaginois possédaient une portion des terres et les faisaient cultiver à leur profit ;

2) que les villes et les populations africaines leur payaient le tribut.

On a beaucoup vanté dans ces derniers temps le système qui interdit aux Européens en Afrique la possession des terres ; c'est ce système qui a été, appliqué dans la province de Constantine, et il a réussi. Au premier coup-d'œil, en voyant les Carthaginois maîtres des villes, de la côte, et livrés surtout au soin du commerce et de la navigation, j'aurais été tenté de croire que les Carthaginois s'étaient aussi interdit le droit de posséder des terres en Afrique. La phrase de Polybe contredit cette idée ; les Carthaginois étaient là propriétaires et cultivateurs, ici gouverneurs et percepteurs du tribut ; le tout selon les lieux ; cette organisation était raisonnable et naturelle.

En effet, si nous laissons de côté les systèmes opposés des colonisateurs et des anti-colonisateurs, que voyons-nous en Afrique ? Ici des villes qui, placées sur la côte, n'ont autour d'elles qu'une plaine fort étroite entre la mer et les montagnes ; mais cette plaine, elles peuvent aisément la défendre, car elle est à leur portée. Pourquoi donc dans cette plaine les Européens ne seraient-ils pas propriétaires et cultivateurs ? Pourquoi ne pas introduire la propriété et l'agriculture européenne dans le rayon de défense des villes européennes ? Ailleurs, au contraire, les villes sont placées non plus sur la côte, mais au milieu des terres, entourées de toutes parts par la population africaine, et habitées aussi par elle. Si ces villes sont conquises par les Européens, que devront faire les conquérants ? se contenter d'être gouverneurs et de lever le tribut sur la population indigène, en se gardant bien de l'exproprier, car le tribut payé aux étrangers ne blesse que le sentiment national, et ce sentiment est faible dans les pays où il y a des tribus et des familles plutôt qu'il n'y a une nation ; mais l'expropriation blesse chaque famille et chaque individu. Ajoutez qu'isolés entre les indigènes, les colons européens seraient sans cesse exposés ; il faudrait sans cesse les défendre ou les venger. Sachons-le bien : l'expropriation doit amener l'extermination ; il ne faut donc exproprier que dans les lieux où l'extermination est possible. Elle est possible et utile dans le rayon des villes maritimes ; elle est impossible et funeste dans les villes continentales.

Les Carthaginois suivirent cette politique, qui naît, pour ainsi dire, de la nature des choses et des lieux. Autour des villes de la côte, autour de Carthage, ils étaient propriétaires et cultivateurs; plus loin et dans les provinces de l'intérieur, ils se contentaient de gouverner et de lever des tributs.

Nous avons fait de même en Algérie. Autour d'Alger, les Européens sont propriétaires, car là nous pouvons aisément défendre et cultiver la terre ; et l'administration supérieure a eu raison, je crois, en 1807, d'annuler un arrêté du général Damrémont qui interdisait aux Européens, dans la province d'Alger, le droit d'acquérir des terres. Dans la province de Constantine, au contraire, qui est une province intérieure, les Européens ne peuvent pas posséder. Là, nous nous contentons de gouverner et de lever le tribut.

Il y a encore une raison qui a dû nous engager à varier, pour ainsi dire, l'exercice de notre domination selon les provinces, comme l'avaient fait les Carthaginois. Autour des villes de la côte, occupées de temps immémorial par des Européens et fréquentées par eux, la propriété avait à peu près le caractère de la propriété européenne ; elle était individuelle. Dans l'intérieur, au contraire, la propriété est collective ; c'est la tribu qui possède et non l'individu, et cela tient à la différence du régime de vie. Autour des villes, les habitants sont surtout cultivateurs ; dans l'intérieur, ils sont pasteurs. Or la pâture comporte surtout la propriété collective. En devenant propriétaire autour des villes, l'Européen ne choquait pas les habitudes établies, tandis que dans l'intérieur il n'eût pas dépossédé seulement un individu, il eût dépossédé une tribu entière.

L'organisation de la domination française en Afrique ne diffère donc pas sous ce rapport de celle de la domination carthaginoise. Comme gouverneurs et intendants souverains des provinces intérieures, nous avons même, je l'espère, un avantage sur les Carthaginois nous sommes moins avides d'argent. Polybe dit qu'aux yeux des Carthaginois le meilleur gouverneur de province était celui qui levait les plus gros tributs et envoyait au trésor public les plus grosses sommes. Jusqu'ici ce n'est assurément pas sur ce que l'Afrique envoie au trésor public que nous jugeons nos gouverneurs généraux.

*

Nous avons vu comment les Carthaginois possédaient et gouvernaient en Afrique les provinces qu'ils s'étaient soumises. Voyons maintenant comment ils s'y prenaient pour combattre les populations africaines restées indépendantes, et comment ils parvenaient même à les soumettre peu à peu. Nous connaissons leur administration ; essayons d'expliquer leur politique.

Pour résister aux Numides et pour les vaincre, les Carthaginois avaient deux armes puissantes, l'habileté et l'or. Leur politique fomentait la désunion entre les diverses tribus numides et entre les Numides et les Maures ou Gétules. Les Numides se partageaient ordinairement entre deux rois ou deux chefs, ainsi, au temps de la seconde guerre, entre Syphax et Massinissa.

Il n'était pas difficile à Carthage d'exciter la guerre entre ces deux royaumes et de les affaiblir l'un par l'autre. Outre leur lutte, ces deux royaumes avaient encore d'autres causes de faiblesse. Selon les usages numides, la couronne passait de l'oncle au neveu, au lieu de passer du père au fils. De là, des rivalités et des guerres perpétuelles. Les prétendants ne manquaient pas de briguer à l'envi l'appui des Carthaginois, et ceux-ci, pour être mêlés de plus près encore à toutes ces querelles et les mieux entretenir, donnaient souvent les filles de leurs principaux citoyens en mariage à quelques-uns de ces princes numides. Ainsi Œsalces, oncle de Massinissa, avait épousé une nièce d'Annibal, et cette nièce d'Annibal, après la mort d' Œsalces, épousa Mezetulus, un autre chef numide qui disputait le trône à Massinissa. Ainsi la belle Sophonisbe, fille d'Asdrubal, épousa Syphax et ensuite Massinissa. Ces filles de Carthage, plus belles, plus habiles, plus instruites que les filles des Numides, acquéraient bientôt sur l'esprit de leurs maris un pouvoir absolu qu'elles employaient au profit de leur patrie originaire.

Ces mariages feraient croire que les Carthaginois visaient à s'unir avec les Numides et à ne faire qu'un seul peuple, comme avaient fait avec les Numides les Perse et les Mèdes de l'armée de cet Hercule que Salluste fait bénir et mourir en Afrique. Ce n'était pas là le système des Carthaginois. Ils voulaient être en Afrique un peuple privilégié et dominateur plutôt que se confondre peu à peu avec les habitants du pays, et ils acceptaient les Africains pour sujets et pour soldats mais non pour concitoyens Une histoire racontée par Tite-Live donne à ce sujet quelques renseignements curieux. Il y avait dans l'armée d'Annibal un chef nommé Mutinès ; il était de la race des Libyphéniciens, c'est-à-dire d'une race formée du mélange des Phéniciens et des Numides. Élève d'Annibal, il était brave, habile, entreprenant, et, à cause de son origine, chéri surtout par les Numides que Carthage avait à sa solde. Il fut envoyé en Sicile par Annibal pour servir sous les ordres d'Hannon et d'Épycides, qui commandaient dans cette île l'armée des Carthaginois. Bientôt Mutinès remplit la Sicile du bruit de son nom : il battit plusieurs fois les Romains, et ses succès excitèrent la jalousie d'Hannon, son général, qui se plaignait avec colère qu'il lui fallût obéir à Mutinès, à cette moitié d'Africain et de Phénicien, lui général carthaginois, chargé des pouvoirs du sénat et du peuple carthaginois. L'armée d'Annibal était composée d'hommes de races et de langages différents, parce qu'Annibal tenait plus à la bravoure qu'à la pureté de l'origine, et qu'ayant quitté Carthage à neuf ans (il n'y rentra qu'à quarante-cinq ans), il se souciait peu des maximes de gouvernement ou des préjugés de sa patrie. Mutinès était un des représentants de cette armée aventurière. Hannon, plus Carthaginois qu'homme de guerre, et surtout jaloux de Mutinès, lui ôta le commandement des Numides, et Mutinès irrité livra Agrigente aux Romains. Je ne veux faire sur cette histoire qu'une réflexion, c'est que les Carthaginois semblaient avoir, à l'égard de ces Libyphéniciens, nés du mélange des Phéniciens ou Carthaginois et des Africains, et qui étaient pour ainsi dire les mulâtres du pays, le même système que les Turcs d'Alger à l'égard des Coulouglis, qui étaient aussi une race née du mélange des Turcs eux-mêmes avec les femmes arabes. Ils ne les admettaient pas au partage du pouvoir militaire, c'est-à-dire de l'autorité souveraine, persuadés que, par le moyen de cette race intermédiaire, l'autorité passerait bientôt des mains de la race turque aux mains des habitants du pays, et que ce serait la chute du gouvernement des régences barbaresques. L'esprit de corps et l'orgueil de race l'emportait sur l'amour paternel, toujours faible d'ailleurs dans les pays de polygamie. La milice turque d'Alger, pour rester souveraine, excluait ses enfants du pouvoir. L'aristocratie commerçante de Carthage faisait de même à l'égard des Libyphéniciens. Il y avait des deux côtés dans cette exclusion un système politique suivi avec persévérance, parce qu'il reposait sur cette idée de la supériorité et de l'infériorité des races humaines les unes à l'égard des autres, idée fausse assurément mais qui pourtant gouverne encore l'Asie, l'Afrique et l'Amérique, et qui, en Europe même, est le principe des vanités nationales et des vanités aristocratiques.

J'ai parlé de l'or des Carthaginois comme de l'autre de leurs armes contre les Numides. Avec cet or, ils faisaient deux choses : ils leur achetaient des hommes et ils leur achetaient du blé. C'est avec ces soldats mercenaires que les Carthaginois recrutaient leurs armées. S'il y avait eu chez les Numides le moindre sentiment d'unité nationale, ce recrutement aurait eu pour Carthage de grands dangers, car l'armée aurait pu s'emparer du pouvoir, et substituer en Afrique les Numides aux Carthaginois ; mais avec leur idée de tribu et de famille, avec leur organisation morcelée et parcellaire, les Numides étaient incapables d'une pareille entreprise. Le service carthaginois était pour les tribus, divisées par leurs haines intestines, une occasion de se battre les unes contre les autres, et elles la saisissaient sans comprendre qu'en s'affaiblissant ainsi mutuellement, elles contribuaient à la grandeur de Carthage. Carthage, d'ailleurs, avait soin de composer ses armées de soldats pris dans des pays différents et parlant des langues différentes ; de cette façon, ils ne pouvaient pas se concerter ensemble. Polybe remarque avec raison que cela rendait les conspirations presque impossibles, mais qu'aussi, quand il y avait une sédition, il était difficile aux généraux d'apaiser les soldats, car il fallait parler à chacun dans sa langue, chose impraticable. C'est ce qui arriva dans la révolte des mercenaires : Hannon et Giscon ne pouvant pas se faire entendre de l'armée entière, la révolte recommençait d'un côté quand elle s'apaisait de l'autre. Il n'y avait dans cette foule furieuse qu'un mot, dit Polybe, un seul qui fût compris de tout le monde : Frappe ! (βαλλε), et quand un chef haranguait dans une langue pour apaiser les soldats, βαλλε ! s'écriaient les soldats d'une autre langue, craignant d'être trahis, et le chef était aussitôt lapidé. Rien ne peint mieux l'instinct de la sédition populaire que ce genre d'intelligence et d'union.

Dans ces armées mercenaires, les séditions étaient fréquentes, car il n'y avait aucun lien d'affection qui les attachât à la patrie, mais ces séditions étaient peut-être moins dangereuses que les révoltes d'une armée nationale. Une armée nationale, s'éprenant d'amour pour un général, eût pu créer une tyrannie durable. Avec une armée mercenaire, il n'y avait à craindre que des séditions. Ainsi, ce genre de recrutement, malgré ses dangers, convenait à une république de marchands comme était Carthage ; il était dans les goûts du peuple, qui n'aimait pas le service militaire, et il était dans les intérêts de l'état. Il s'accommodait aussi aux mœurs des Numides, et cela est si vrai, que tous les peuples qui ont conquis l'Afrique, ont pris des Numides ou Maures à leur service.

Nous avons aussi dans notre armée d'Afrique des corps d'indigène, et le *Tableau des* établissements *français en Algérie* porte l'effectif de ces corps, pour 1837, à 5,835 hommes. Malheureusement, l'appendice qui suit ce tableau nous apprend que dans les corps indigènes il y a beaucoup de Français. Ainsi, dans les trois bataillons de zouaves, sur un effectif de 1325 hommes, il n'y a que 281 indigènes. Dans la cavalerie, la proportion entre les indigènes et les Français paraît plus forte en faveur des indigènes, quoique l'appendice n'en donne pas le détail exact. Cependant il ne paraît pas que jusqu'ici le recrutement indigène nous ait beaucoup réussi en Afrique.

Outre des soldats, Carthage achetait aussi du blé aux Numides ; par là elle avait encore prise sur eux ; de plus, ce commerce de blé était pour Carthage une affaire importante. Dans tous les temps en effet, dans l'antiquité comme de nos jours, le transport du blé des pays qui en regorgent dans les pays qui en manquent a été un des principaux soins du commerce, et dans tous les temps aussi, les blés de la mer Noire et les blés de l'Afrique septentrionale ont nourri l'Europe. Ce sont ses deux grands greniers d'approvisionnements. Les Carthaginois se firent les facteurs d'un de ces grands greniers, intéressant de cette manière à leur prospérité l'avarice des Maures.

Nous voyons dans Tite-Live, entre la deuxième et la troisième guerre punique, quand les Carthaginois vaincus et Massinissa se disputent à la faveur des Romains, nous voyons quelles immenses quantités de grains Carthage et Massinissa offrent à l'envi l'un de l'autre aux Romains. Cette abondance de grains contredit ce que nous sommes habitués à entendre dire de la stérilité de l'Afrique.

Comme tous les pays du monde, l'Afrique est stérile quand elle est mal cultivée. Polybe dit, dans l'éloge qu'il fait de Massinissa, que ce qu'il y a de plus beau dans la vie de ce prince, c'est qu'il démontra que la Numidie, qui jusqu'alors passait pour stérile, était, si on savait la cultiver, aussi fertile que tout autre pays. Il ensemença des champs d'une immense étendue, et ces champs devinrent d'une admirable fertilité.

L'Afrique, sous les Romains, continua d'être avec l'Égypte le principal grenier de l'Italie, et lorsque Constantin donna à l'empire une seconde capitale, il décréta qu'Alexandrie et l'Égypte seraient chargées d'approvisionner Constantinople, et Carthage d'approvisionner Rome. Jusque dans ces derniers temps, l'Afrique a toujours fourni du blé à l'Europe. Avant 1789, la compagnie française d'Afrique achetait sur les côtes de l'Algérie, et principalement sur celles de la province de Constantine, des quantités considérables de grains ; c'était là une de ses principales sources de gain. De 1792 à 1796, nos provinces méridionales furent approvisionnées par les blés de la Régence.

En 1829, un seul négociant d'Oran expédiait sur Gibraltar soixante-dix mille fanègues de blé et d'orge (la fanègue a cent deux litres) Ce n'est assurément pas là un pays stérile. Dans la province de Constantine, les Maures, protégés contre la concurrence des colons, européens par la défense faite à ces colons de s'établir dans cette province, les Maures continuent de produire des grains qu'ils nous vendent, et de cette manière nous intéressons les populations indigènes à notre domination. C'était une des parties du système des Carthaginois.

Les Carthaginois, ont eu de moins que nous deux grandes difficultés : d'abord le siège de leur domination était plus à l'est que le nôtre, et ils avaient affaire à un pays moins rude et à des peuples moins barbares, et cela est si vrai, que jusqu'ici notre domination a mieux réussi à Constantine, la plus orientale des provinces de la Régence, que partout ailleurs. De plus, ils n'ont pas eu à lutter contre le fanatisme religieux, et la différence de cultes n'envenimait point la guerre.

Quoi qu'il en soit, leur domination en Afrique a duré sept cents ans, et quand ils ont succombé, ce n'est point sous les coups des populations africaines, tant ces populations étaient affaiblies : c'est sous les coups de la fortune romaine, loin d'avoir jamais eu rien à craindre de l'Afrique, c'est à l'aide de l'Afrique elle-même qu'ils ont failli conquérir le monde, tant ils avaient su s'y créer de forces.

Dans les guerres puniques, il ne s'agissait de rien moins en effet que de l'empire du monde, et Polybe proclame hautement que, quel que fit des deux peuples celui qui eût vaincu, il était le maître de l'univers. La Grèce eu décadence ne pouvait pas résister au vainqueur. Carthage succomba sous la puissance de Rome, non pas parce qu'elle fut attaquée en Afrique et qu'elle y était plus faible qu'ailleurs car ce n'est pas Scipion qui le premier s'avisa de porter la guerre en Afrique ; Régulus l'avait fait avant lui, et Agathocle l'avait fait avant Régulus. Carthage, selon la réflexion de Polybe, succomba parce qu'à l'époque des guerres puniques, elle touchait déjà à la vieillesse, tandis que Rome était encore dans toute la verdeur de la jeunesse, parce qu'il y a pour les états comme pour les hommes un âge de force et un âge de faiblesse. Mais comme un historien moraliste tel que Polybe ne peut guère se contenter de cette fatalité des choses humaines, il se hâte d'expliquer que ce qui faisait la faiblesse de Carthage et sa caducité, c'est que le peuple à Carthage s'était emparé du pouvoir, tandis qu'à Rome le sénat avait encore toute l'autorité, si bien que d'un côté c'était tout le monde qui gouvernait, et que de l'autre côté, c'étaient les meilleurs et les plus sages. Ajoutez que Rome avait encore toutes ses vieilles vertus, tandis que Carthage avait déjà poussé jusqu'à l'extrémité les vices de constitution sociale, l'esprit de gain, d'avarice et de vénalité. Ce que j'aime dans les historiens de l'antiquité, c'est que chaque peuple y fait sa propre destinée par ses vices où par ses vertus ; ils expliquent tout par la morale. Cela vaut mieux que d'expliquer tout par la nécessité, et cela même est plus clair.

II.

L'Afrique sous les Romains

De tous les conquérants de l'Afrique, les Romains sont ceux qui ont eu la meilleure chance, et c'est nous qui avons la plus mauvaise. Voici ce que je veux dire.

Les Romains prirent l'Afrique des mains des Carthaginois, et ce fut pour eux un grand avantage. Le travail de la civilisation était fait ; ils n'eurent qu'à en hériter. Entre leurs mains, cette civilisation s'accrut d'une manière merveilleuse et les plus beaux jours de l'Afrique sont assurément ceux de la domination romaine. Carthage, qu'Auguste avait rebâtie (29 avant J.-C.), devint bientôt la seconde ville de l'empire, et sa prospérité ne nuisit pas à la grandeur de Rome, comme l'avaient craint ceux qui reprochaient aux Gracchus l'idée qu'ils eurent les premiers de rebâtir Carthage. Placée au milieu de la contrée de l'Afrique la plus anciennement civilisée, à l'abri des invasions des Maures et des Garamantes, cette ville jouit pendant plus de quatre cents ans d'une paix et d'une sécurité admirables ; car ce ne fut qu'en 424, et quand l'Afrique allait bientôt échapper aux Romains, qu'elle fut fortifiée. Ces jours de paix et de jouissance que partageait avec toutes les villes de l'empire romain n'étaient que par l'avarice des gouverneurs romains, et encore la province pillée avait-elle la consolation de pouvoir souvent faire condamner pour crime de concussion son préteur ou son proconsul. Parfois encore quelques courtes émeutes populaires troublaient le repos de la ville, et les anciens n'ont pas dédaigné de mentionner, comme un trait distinctif des émeutes de Carthage et d'Alexandrie, la part tumultueuse qu'y prenaient les enfants, et ce trait, qui ne nous étonne plus, sert encore a montrer que Carthage et Alexandrie étaient vraiment des capitales, c'est-à-dire des villes où la curiosité et le goût du bruit tiennent dans les séditions plus de place que la colère et la haine.

Les loisirs de la paix eurent à Carthage l'effet qu'ils ont toujours ils développèrent les esprits, favorisèrent les lettres et les arts et corrompirent les mœurs. Saint-Augustin, dans ses *Confessions*, peint Carthage comme une ville pleine des plus impurs amours, et Salvien, censeur plus violent que

Saint-Augustin qui n'accuse les autres qu'en s'accusant d'abord lui-même, Salvien représente cette ville comme l'égout des vices du monde entier, et prétend même qu'il est aussi extraordinaire de voir un impudique qui ne soit pas Africain qu'un Africain qui ne soit pas impudique. Cette licence de mœurs tenait au climat, mais elle tenait aussi au mélange des populations établies sur la côte d'Afrique. En effet, les peuples, ce qui est triste à dire se mêlent plus par leurs vices que par leurs vertus. A côté de cette corruption, les lettres fleurissaient à Carthage, et il est à remarquer que quelques-uns des noms les plus éclatants de la littérature latine, dans les derniers temps, appartiennent à l'Afrique ; ainsi Apulée, Tertullien, saint Cyprien, Arnobe, saint Augustin enfin. L'amour et le génie des lettres, languissants et presque morts à Rome, semblaient s'être ranimés en Afrique ; et si les écrivains de l'Afrique n'ont pas la correction et l'élégance des rhéteurs de la Gaule, alors célèbres, ils ont plus de vivacité et plus d'énergie. Ils sont à la fois recherchés et forts ; recherchés, parce qu'ils parlent une vieille langue ; forts, parce qu'ils ont une véritable originalité qu'ils tiennent, les uns de leur climat et de leur génie, comme Apulée, les autres du climat, du génie et de la religion, comme saint Augustin. Ajoutons que les arts n'étaient pas moins cultivés que les lettres. Partout s'élevaient des monuments dont les ruines aujourd'hui frappent d'étonnement les soldats de notre armée d'Afrique, et je lisais dernièrement dans une histoire de l'Algérie par le docteur Wagner, écrivain allemand qui a fait, par curiosité, l'expédition de Constantine avec nos troupes, je lisais l'admiration de nos soldats, quand, marchant sur Constantine et fatigués de la tristesse de la route, ils découvrirent tout à coup les ruines de l'ancienne Calama, Ghelma. Personne, dit le docteur Wagner, ne s'attendait à cette rencontre, et ces grandes ruines jetées dans la solitude ranimèrent l'esprit de l'armée, qu'elles avertissaient d'une façon solennelle qu'avant la France il y avait eu un peuple qui avait conquis et civilisé cette terre, et qu'il n'y avait pas un coin de l'Afrique septentrionale, si stérile qu'il parût être, qui n'eût quelque monument imprévu du haut duquel Rome contemplait la France. Ainsi l'armée trouvait, pour ainsi dire, partout des témoins inattendus de son courage et de sa patience ; ainsi les Romains avaient su pacifier et organiser l'Afrique. Mais Carthage, ne l'oublions pas, avait préparé cette grande œuvre.

La France en Afrique a eu plus mauvaise chance. Les Romains, en effet, n'avaient qu'à continuer l'œuvre commencée ; nous avons tout à faire. Ils succédaient à un peuple civilisé ; nous succédons à un peuple barbare. Depuis les Vandales, qui furent les premiers destructeurs, la civilisation n'a eu en Afrique que quelques moments à peine ; mais ces trêves de la barbarie ont été courtes, et depuis le XVIe siècle surtout, depuis la fondation des régences barbaresques, l'Afrique n'a plus déchu par degrés de son ancienne prospérité ; elle a été précipitée plus profondément chaque jour dans la barbarie. C'est à cette destruction progressive que nous succédons pour l'arrêter. De là, les efforts que nous avons à faire ; de là, les difficultés que nous rencontrons. Le passé aidait les Romains ; il lutte contre nous.

Quelle que soit la différence entre l'état de l'Afrique en 1830 et son état à l'époque de la conquête romaine, essayons pourtant d'expliquer les causes et les moyens de la domination romaine en Afrique, et recherchons surtout quels sont parmi ces moyens ceux qui sont encore applicables aujourd'hui.

Quand Scipion débarqua en Afrique, il connaissait déjà le caractère de ces Numides, dont Rome allait d'abord se servir contre Carthage et que plus tard elle devait combattre sous Jugurtha. Scipion savait déjà quelle haine divisait les deux royautés numides, celle de Syphax et celle de Massinissa combattait sous les drapeaux des Carthaginois, Syphax était du côté des Romains ; lorsque Syphax quitta les Romains pour Carthage, Massinissa alors quitta Carthage pour les Romains.

L'histoire de Massinissa suffisait aussi pour montrer à Scipion avec quelle mobilité les tribus numides passaient d'un roi à l'autre. Cette histoire est un véritable roman. Forcé de revendiquer son royaume les armes à la main, d'abord vainqueur, bientôt vaincu, poursuivi avec acharnement jusque dans le désert, échappant avec peine à cette poursuite opiniâtre, cru mort et sauvé des coups de ses ennemis par le bruit même de sa mort, Massinissa n'avait avec lui que deux mille cavaliers quand le lieutenant de Scipion, Lelius, aborda en Afrique, et c'est ainsi qu'il vint le joindre en fugitif plutôt qu'en allié. Mais dès qu'il marchait à côté des légions romaines, Massinissa ne doutait plus de sa victoire contre Syphax ; il savait en effet l'irrésistible ascendant de l'infanterie romaine sur les Numides. Les Numides étaient excellents pour faire la guerre comme la faisaient entre elles les tribus africaines, une guerre de surprise et d'incursion ; mais ils ignoraient l'art des batailles rangées ils n'avaient pas d'infanterie, et la fougue de leurs cavaliers venait se briser contre l'immobilité des légions romaines.

Syphax avait la même idée que son rival Massinissa sur cette infériorité des Numides contre les Romains faute infanterie régulière. Abd-el-Kader, de nos jours, en s'efforçant de créer une infanterie régulière, semble aussi faire le même aveu, et il est curieux de comparer les tentatives qu'avait faites Syphax pour remédier à cette cause de faiblesse, et celles qu'Abd-el-Kader fait maintenant dans la même pensée.

Syphax, dix ans avant la bataille de Zama, voulant passer du parti des Carthaginois dans le parti des Romains, envoya des agents aux deux Scipions, père et oncle de l'Africain, qui commandaient alors les armées romaines en Espagne.

Les Scipions, à leur tour, envoyèrent à Syphax trois centurions, ne voulant pas sans doute risquer des ambassadeurs de plus haut rang, et ces trois centurions étaient chargés de promettre à Syphax l'amitié du peuple romain. Le roi barbare, s'entretenant avec eux de la manière dont les Romains faisaient la guerre et de leur discipline, comprit bientôt combien de choses il ignorait sur ce point, et il pria les centurions de lui rendre un grand service, comme à un ami et un allié du peuple romain ; ce service était qu'un d'entre eux restât auprès de lui pour instruire ses troupes à la discipline romaine ; les deux autres retourneraient rendre compte de leur mission. « Les Numides, disait Syphax, ne savent pas combattre comme fantassins ; ils ne connaissent que les combats de cavalerie, et c'est ainsi qu'il avait appris lui-même à faire la guerre selon les usages de ses ancêtres. Mais aujourd'hui, ayant à combattre les Carthaginois, qui avaient une infanterie redoutable, il fallait qu'il leur opposât une force égale, il fallait donc qu'il eût de l'infanterie. Il ne manquait pas d'hommes pour faire des soldats, mais il n'avait personne qui pût les instruire aux manœuvres militaires ; son infanterie n'était qu'une masse confuse qui combattait au hasard et sans règle. » Les centurions consentirent à la demande de Syphax, et Statorius, l'un deux, resta près du roi. Il instruisit les Numides dans la discipline romaine, les habitua à garder leurs rangs, à manœuvrer régulièrement et parvint à créer une infanterie qui, dès la première bataille contre Syphax et les Carthaginois, décida la victoire en faveur de Syphax.

C'est à ce moment que les Carthaginois, fidèles à leur système d'opposer toujours les Numides aux Numides, décidèrent Gala, père de Massinissa, à s'allier avec eux, et Massinissa, âgé alors de dix-sept ans, unissant ses troupes aux *légions* des Carthaginois, c'est le mot dont se sert Tite-Live, vainquit Syphax dans un grand combat.

Cette prompte défaite de Syphax après sa première victoire prouve que cette infanterie formée par le centurion romain, et dont Syphax était fer, était encore très médiocre : elle était bonne contre les Numides, habitués au pêle-mêle de la guerre africaine ; mais, quand elle rencontrait l'infanterie européenne et ces *légions carthaginoises*, comme dit Tite-Live, recrutées en Espagne et en Gaule, elle ne pouvait pas soutenir le choc. Cela s'est vérifié de nos jours non-seulement en Afrique, mais en Syrie, où les troupes égyptiennes instruites par des officiers européens, ont battu aisément les troupes turques, et ont été battues à leur tour par les Européens. La barbarie, quand elle est encore toute pure, résiste souvent à la civilisation, parce qu'elle la déconcerte par la sauvage brusquerie de ses attaques ; mais la demi-civilisation est toujours vaincue par la civilisation complète, si les Carthaginois furent battus la première fois par Syphax, c'est qu'ils ne s'attendaient pas à combattre une infanterie régulière, et qu'ils s'étaient préparés seulement à une guerre d'Afrique ; cette surprise causa leur défaite.

Venons maintenant au détail des tentatives faites par Abd-el-Kader pour créer une infanterie régulière, et voyons si ces essais de civilisation européenne ont quelque chose de dangereux pour nous.

Abd-et-Kader a élevé sa puissance à l'aide des mœurs et des idées arabes, et il veut la maintenir et l'étendre à l'aide des arts et de la science de l'Europe. Cette tentative est hardie, mais elle est contradictoire. Abd-el-Kader parviendra-t-il à concilier cette contradiction, ou viendra-t-il y échouer et s'y perdre ? C'est une grande question. Quoi qu'il en soit, il y a des choses de l'Europe et de la civilisation qu'il a voulu avoir, et avoir promptement, avec l'impatience de désirs naturelle aux barbares et aux sauvages, et qu'il a eues. Il a une infanterie régulière avec des tambours et de la musique, et cette infanterie manœuvre tant bien que mal à la manière européenne ; il a des ingénieurs, des usines, des fonderies ; mais quelle est la qualité de tout cela ? la civilisation en effet a de nombreux degrés, et il y a une variété infinie dans la qualité des biens qu'elle procure. Tantôt son attirail est un moyen de force et de puissance, tantôt il n'est qu'un vain amusement et une trompeuse apparence, et, disons-le en passant, ce genre de duperie est ordinairement le propre des princes barbares qui, se prenant tout à coup d'une belle passion pour la civilisation, veulent l'imiter sans la connaître. C'est ce qui était arrivé au sultan Mahmoud, qui souhaitait avec une ardeur despotique toutes les merveilles européennes dont il entendait parler, et qu'on satisfaisait par des simagrées ou des miniatures de civilisation dont il ne comprenait pas la fausseté et le ridicule, faute d'avoir vu l'Europe.

J'ai souvent entendu comparer le sultan Mahmoud à Pierre-le-Grand, et on mettait les échecs de Mahmoud sur le compte de l'inaptitude et de l'apathie de ses sujets. C'est une grande erreur selon moi. Pierre-le-grand, quand il voulut civiliser la Russie, vint en Europe étudier la civilisation qu'il voulait imiter. Il ne la jugea pas, du fond de son palais, sur des échantillons apportés par des aventuriers ou des charlatans ; il vint la voir, et de cette façon il échappa aux duperies. C'est la grande différence entre Pierre-le-Grand et le sultan Mahmoud, qui n'a connu et n'a emprunté de la civilisation européenne que ses dehors et ses trompe-l'œil, et parmi ces trompe-l'œil je mets sans hésiter la charte elle-même de Gulhané, qui est, pour ainsi dire, une œuvre posthume (et aujourd'hui morte) du sultan Mahmoud.

La réflexion que je viens de faire sur le sultan Mahmoud ne m'éloigne pas d'Abd-el-Kader, car, selon moi, les tentatives de civilisation européenne faites par Abd-el-Kader se rattachent à ce pervertissement de l'Orient, qui semble l'œuvre réservée à notre siècle. L'Orient, en ce moment, se corrompt plus qu'il ne se civilise, car, s'il gagne quant à la civilisation matérielle, il perd chaque jour quelques-uns des éléments de sa civilisation morale. Dirai-je enfin toute ma pensée ? L'Europe assurément est assez savante pour instruire l'Orient ; mais elle n'est pas assez vertueuse pour le civiliser, et les airs de moralité que nous prenons avec ce pauvre Orient ne nous vont guère, je le crains du moins. La régénération religieuse et morale de l'Europe devrait, de bonne foi, précéder la civilisation de l'Orient ; alors nous aurions droit de nous ériger en législateurs.

Enfin, je remarque dans l'histoire que, lorsque l'Orient est venu civiliser l'Occident, cela a toujours bien réussi pour deux raisons : la première, c'est que l'Orient apportait toujours à l'Occident une religion, *sacra deosque dabo*, dit Enée aux Latins : le culte est la forme, pour ainsi dire, nécessaire de toutes les civilisations introduites par l'Orient ; la seconde, c'est que le génie européen est éminemment propre à perfectionner et que l'Europe a toujours su élever et épurer, même pour le culte, la civilisation qu'elle recevait de l'Orient. Au contraire, toutes les fois que l'Occident, devenu fort et puissant à l'aide des dons de l'Orient, a voulu à son tour civiliser l'Orient, cela a toujours médiocrement réussi, soit que l'Occident n'ait pas en lui la vertu génératrice et qu'il n'ait que la puissance de culture et de perfectionnement, soit que la civilisation, quand il la reporte en Orient, soit déjà vieillie et épuisée ; et ce qui est curieux, c'est que la forme de la civilisation occidentale, c'est toujours la science et la politique et non la religion et le culte, l'idée de l'homme enfin plutôt que l'idée de Dieu. L'histoire de la Grèce vérifie ces remarques. Voyez les belles et grandes choses qu'a faites la Grèce avec le principe de civilisation qu'elle reçut primitivement de l'Orient ; et lorsque, sous Alexandre, cette même Grèce se mit à civiliser l'Orient, que lui donna-t-elle ? le règne des Lagides en Égypte et des Séleucides en Syrie, c'est-à-dire une époque sans force et sans vertu, où il n'y a plus de ces grands caractères qui élèvent l'histoire au ton du poème épique et la gravent dans la mémoire des peuples. Je sais qu'en parlant ainsi je contrarie l'école des publicistes qui regardent l'unité du monde grec ou du monde romain comme un grand bien, et qui espèrent pour l'Europe un avenir de ce genre. Cet avenir est possible et prochain, j'en ai peur ; mais ces grands aplatissements de l'humanité sous le même niveau ne me tentent nullement, et même il n'y a de noms dans l'histoire, sachons-le bien, que pour ceux qui ont fait ces terribles nivellements, Alexandre, Scipion, César, Napoléon, parce que l'homme se souvient de ce qui l'écrase, et pour ceux qui y ont résisté et qui sont morts avec les lois et la liberté de leur pays, Démosthènes, Annibal, Aratus Philopœmen, pour ceux enfin qui ont mieux aimé périr que s'incliner, quoiqu'il ne manquât pas aussi de gens pour leur dire qu'ils ne s'inclinaient que pour entrer dans la communion de la même civilisation.

La vie d'Abd-el-Kader depuis dix ans représente en miniature ces diverses phases du monde. Il est né et a grandi à l'aide de la civilisation orientale ; il veut vivre et grandir encore à l'aide de la civilisation européenne. C'est le drame de l'humanité resserré dans la vie d'un homme. Fils d'un marabout respecté, c'est par une sorte d'inspiration religieuse que son père l'a désigné aux tribus qui cherchaient un arbitre dans leurs querelles ; car Abd-el-Kader était un de ses derniers enfants. Il est petit, il est maigre, il a l'air faible ; mais c'est un saint, c'est un prophète. Sa vie est pure et rigide ; il a fait le pèlerinage de la Mecque et il en a rapporté une amulette mystérieuse qui l'a sauvé déjà deux fois des mains des Français. C'est là ce qui a fait son autorité. Les tribus n'avaient pas besoin d'un chef militaire ; elles avaient besoin d'un juge et d'un juge inspiré par Dieu. C'est à ce titre seulement qu'elles pouvaient lui obéir. Abd-el-Kader n'a point de tribu particulière qui marche sous son étendard, et même il ne porte pas d'armes et ne combat pas. Il prie et il juge, voilà ses fonctions ; mais c'est là le souverain pouvoir. Chef de tribu, il aurait des rivaux ; prêtre et juge, il n'a que des fidèles et des clients, tant la religion domine toutes choses en Orient, même la force. C'est donc par la religion et selon les mœurs et les idées orientales qu'Abd-el-Kader s'est élevé. C'est en prêchant la guerre sainte contre les Français, c'est en se faisant l'apôtre et le vengeur du mahométisme, qu'il s'est rendu puissant parmi les siens, redoutable parmi ses ennemis. Dans les commencements d'Abd-el-Kader, tout est de l'Orient, rien n'est de l'Europe. Mais Abd-el-Kader avait vu la civilisation européenne ; il avait vu quelle force elle donnait à eux qui la possédaient, et il avait conçu l'idée de s'en servir pour consolider sa puissance. La civilisation orientale l'a fait prêtre souverain ; il veut que la civilisation européenne le fasse roi. Pour cela, il faut une armée régulière et permanente recevant une solde, et qui défende son pouvoir contre les armes des Français et contre la jalousie des chefs de tribus. Pour avoir une armée soldée, il faut des impôts réguliers ; de là la nécessité d'un système administratif. De plus il faut des armes pour équiper cette armée ; de là la nécessité d'établir des fonderies, d'exploiter les mines de l'Atlas ; de là le besoin d'ouvriers et d'ingénieurs habiles ; de là enfin un perpétuel recours : à l'Europe.

Le malheur pour Abd-el-Kader, et ce malheur est celui de presque tout l'Orient, c'est qu'il n'a eu pour premiers initiateurs venus de l'Europe que des ignorants ou des charlatans. L'église, quand elle envoie des missionnaires, choisit dans son élite. Je ne sais pourquoi les missionnaires de la civilisation moderne en Orient n'en sont ordinairement que le rebut. Ceux qui n'ont pas pu réussir en Occident, faute de talent ou faute de bonne conduite, vont instruire et civiliser l'Orient ; l'Europe ne donne que ce qu'elle ne veut pas. Ainsi les instructeurs des troupes régulières d'Abd-el-Kader ne sont que des soldats qui désertent par esprit de vagabondage, ou des condamnés militaires qui fuient leur peine. Avec de pareils maîtres, l'infanterie régulière d'Abd-el-Kader n'est guère instruite Elle est bonne peut-être à la parade et pour faire la guerre aux tribus arabes ; mais, quand vient le jour du combat contre l'infanterie européenne, le Bédouin, n'ayant point confiance dans une discipline qu'il connaît mal, laisse là les manœuvres européennes, et reprend sa vieille manière de combattre. C'est à peu près l'histoire de l'infanterie régulière du roi Syphax, battant les Numides et battu par les légions carthaginoises. Même genre de maîtres : ici un centurion, qu'à Rome on traitait dédaigneusement de moitié soldat et moitié valet; là des déserteurs et des condamnés. Même résultat aussi : une demi-instruction qui vient échouer devant une instruction plus complète.

Abd-el-Kader n'a pas eu la main plus heureuse pour les ouvriers et pour les ingénieurs que pour ses instructeurs militaires. Quand, après le traité de la Tafna, Mouloud-Ben-Arach vint à Paris, comme, envoyé d'Abd-el-Kader, il parvint à engager quelques ouvriers fondeurs et mécaniciens, et une sorte de contre-maître où de chef d'atelier, nommé Guillaumin, se décida, par l'appât du gain, à se mettre à leur tête. Ils arrivèrent auprès d'Abd-el-Kader ; mais les ouvriers ne savaient que la pratique de leur état, et le contre-maître n'en savait guère davantage. Or, dans un atelier de Paris ou de Londres, la pratique suffit, parce que tous les instruments et tous les moyens de travail étant préparés d'avance, l'ouvrier peut aisément suivre sa routine. Mais, en Afrique, tout manque ; il faut suppléer à tout par l'esprit d'industrie et d'expédient. Les ouvriers et le contre-maître de Ben-Arach furent déconcertés ; ils perdirent confiance et ils perdirent crédit. Les Arabes ne crurent plus à une science qui avait besoin de tant de secours et de tant d'aides divers. Guillaumin découragé voulut quitter Abd-el-Kader, et, comme on le retenait presque captif, il s'enfuit ; mais il fut assassiné dans le désert.

Un autre renégat français vint remplacer Guillaumin auprès d'Abd-el-Kader. Celui-là était le contraire de son devancier, il n'avait que la théorie des sciences ; il avait tout appris dans les livres, et au nom de ses livres promettait monts et merveilles. Ainsi, l'émir a eu d'abord affaire aux deux défauts opposés de notre civilisation, la routine qui se trouble dès qu'elle ne retrouve plus ses habitudes, et la théorie bavarde et présomptueuse, qui croit savoir tout faire parce qu'elle n'a jamais rien pratiqué. La fièvre européenne des travaux publics sembla un instant avoir gagné les Arabes. Le renégat français, qui, pour mieux témoigner son dévouement, avait voulu porter le nom d'Abd-el-Kader, allait cherchant les chutes d'eau pour établir des usines, sondait les terres pour découvrir des mines, mesurait, alignait des terrassements ; puis, quand il fallut construire un fourneau pour fondre le minerai, il savait fort bien, il est vrai, de quelle manière le fourneau devait être construit pour perdre le moins possible de chaleur ; mais il ne put pas fabriquer de bonnes briques pour faire son fourneau. On prétend cependant que, grâce à un vieil ouvrier maure qui savait de père en fils l'art de fabriquer la brique, la civilisation est parvenue à construire son fourneau, et que l'émir a aujourd'hui une fonderie et une fabrique d'armes.

Le propre de cette civilisation vanteuse et gasconne qui s'est introduite auprès d'Abd-el-Kader, c'est de faire fermenter les imaginations. C'est ainsi qu'un autre renégat français, qui semblait remplir auprès d'Abd-el-Kader les fonctions de publiciste, et qui lui traduisait, dit-on, quelques-uns des articles de nos journaux, lui avait suggéré l'idée d'une ambassade et d'une alliance avec la Russie : tant il est vrai que les idées les plus chimériques et ce don de faire croire à l'impossible, qui est un des talents de la politicomanie moderne, ont déjà été essayés auprès d'Abd-el-Kader. Le malheur pour ces chefs à moitié barbares de l'Orient ou de l'Afrique qui veulent être civilisés, c'est qu'ils ne peuvent pas, faute d'expérience, pénétrer le vide de tous les projets qui les assaillent. Cherchant à expliquer les mœurs et les idées européennes, qu'ils ne connaissent pas, par les mœurs et les idées de l'Orient, ils font, quelle que soit leur intelligence, les plus singulières bévues. On me contait par exemple qu'une espèce de courtier italien, chargé par Abd-el-Kader d'aller lui acheter des fusils en Europe, avait reçu de lui une grosse somme d'argent ; et pour garantir à l'émir son retour, l'Italien lui avait laissé en dépôt deux femmes qui l'accompagnaient, deux aventurières qu'Abd-el-Kader accepta comme un excellent cautionnement, croyant qu'en Europe comme en Orient la femme est la propriété la plus sacrée de l'homme. A ce marché, l'Italien a gagné l'argent qu'il emporte et le gage qu'il laisse.

J'ai parlé avec quelques détails des essais de civilisation faits par Abd-el-Kader pour deux raisons : la première, c'est que nous verrons, en étudiant les moyens de domination des Romains en Afrique, combien le désir des princes numides d'être initiés à la civilisation a aidé à leur soumission ; la seconde raison, c'est que je crois qu'Abd-el-Kader, en cherchant à fonder un état civilisé, loin de devenir plus redoutable pour nous, devient plus faible. Cette infanterie régulière qu'il forme à grand'peine, ces forteresses : qu'il bâtit avec d'énormes dépenses ; tout cela sont des prises que nous avons sur lui. Ce que je crains dans Abd-el-Kader, c'est l'Arabe, c'est l'arbitre religieux des tribus, c'est l'apôtre qui prêche la guerre sainte. Ce qui me rassure, c'est le civilisateur européen, c'est l'organisation des impôts réguliers, c'est le novateur dupe. Le sultan Mahmoud s'est perdu par ce système. Le vice-roi d'Égypte n'y a réussi que tant qu'il a eu affaire aux Orientaux, et il a échoué dès qu'il a eu contre lui les Européens. Avant ces exemples récents, les rois numides en Afrique avaient enseigné par leur chute que la civilisation ne recule pas devant ses imitateurs, et qu'elle est toujours plus forte que ceux qui la contrefont.

La première chose que je remarque de la conquête romaine en Afrique ; c'est sa marche : les Romains s'avancent de l'est à l'ouest, ils vont des Carthaginois aux Numides et des Numides aux Maures, et, grâce à cet ordre de leurs conquêtes, ils vont d'un peuple plus civilisé à un peuple moins civilisé, de manière qu'ils sont plus forts à mesure aussi qu'ils trouvent plus d'obstacles dans leurs ennemis. La défaite de Carthage civilisée aide à la défaite de la Numidie demi-barbare, et la soumission de celle-ci aide à contenir dans l'obéissance la sauvage fierté des Maures Notre marche en Afrique a été moins régulière et moins avantageuse, car, débarqués à Alger, nous avons eu affaire dès le début aux populations les plus barbares, et nous avons à dompter dans nos commencements les ennemis que Rome n'a domptés qu'à la fin de sa conquête.

Une fois les Carthaginois écartés de la lice par la bataille de Zama, Rome n'avait plus devant elle en Afrique que les Numides. Jusqu'à Jugurtha cependant, la guerre n'éclata pas entre Rome et les Numides. Ce n'est pas que Massinissa lui-même, ce fidèle allié des Romains, ne comprît le sort que l'avenir gardait à la Numidie ; mais il comprenait en même temps que cet avenir était inévitable. Parfois néanmoins il espérait être soulagé du poids de l'amitié romaine : ainsi Tite-Live raconte qu'au moment de la guerre entre Rome et le roi de Macédoine, toutes les nations étant attentives à l'issue de cette lutte qui devait décider de l'empire du monde, Massinissa, qui envoyait aux Romains du blé, des troupes auxiliaires, des éléphants de guerre et son fils Misagenes, avait cependant fait ses plans pour l'une et l'autre fortune ; « si Rome était victorieuse, il resterait tel qu'il était, car les Romains, qui alors soutenaient Carthage contre lui, ne permettraient pas qu'il envahît le territoire des Carthaginois ; tandis que si les Romains étaient défaits, l'Afrique toute entière tomberait en sa puissance. » Rome l'emporta, et la politique du sénat continua à façonner peu à peu l'Afrique à son joug, tantôt poussant Massinissa contre Carthage, tantôt le contenant. Pendant ce temps-là, les chefs numides s'instruisent aux mœurs et aux idées romaines. Vermina, fils de Syphax, Gulussa, Masgaba, Misagenes, fils de Massinissa, s'étudient à qui sera le plus Romain, à qui prendra le mieux le ton de la civilisation. Les fils de Massinissa viennent même plusieurs fois à Rome. Le sénat aimait que les fils des rois étrangers vinssent faire leur éducation à Rome. Il avait accueilli avec plaisir les envoyés d'Ariarathe, qui amenaient à Rome le fils de ce roi de Cappadoce, afin, disaient-ils, qu'il s'habituât dès l'enfance aux mœurs et aux idées romaines. Jugurtha lui-même, pendant la guerre de Numance, avait servi sous le second Africain ; il connaissait la civilisation romaine, surtout il en connaissait les vices, et c'est à l'aide de ces vices, à l'aide de la vénalité romaine, qu'il résista aux Romains. Il ne chercha pas à combattre la civilisation avec les forces maladroitement empruntées à cette civilisation ; il la combattit par ses faiblesses, et voilà pourquoi il soutint si longtemps la lutte.

Après la défaite de Jugurtha, les Numides devinrent de plus en plus Romains, et quoique, sous Auguste, Rome ait encore laissé debout un royaume de Mauritanie (composé de la province d'Alger et d'Oran), elle eut soin de donner ce royaume à Juba, un descendant de

Massinissa, mais élevé à Rome, un savant, un littérateur, et dont Pline l'ancien a dit qu'il fut plus célèbre comme savant que comme roi. C'est ainsi que finissaient dans les loisirs de la littérature et dans une servitude parée du nom de royauté ces vieilles races barbares de la Numidie, peu à peu énervées par l'influence de la civilisation romaine.

J'ai parlé de Jugurtha : je ne veux faire sur la guerre que ce Numide soutint contre Rome, et qui fut le dernier effort de l'indépendance africaine, je ne veux faire qu'une seule réflexion. Je laisse de côté les ressemblances de tactique entre Jugurtha et Abd-el-Kader.

Ce que je veux remarquer, ce sont les contre-coups que cette guerre avait dans le forum romain. J'ai souvent entendu dire à la chambre des députés, à l'occasion même de nos expéditions d'Afrique, qu'il était impossible de faire la guerre avec le genre de gouvernement que nous avons. Cette façon de discuter la justice et l'à-propos des expéditions, le talent et la conduite des généraux, affaiblit, dit-on, le ressort du commandement. Si quelques personnes ont jamais été tentées de se laisser aller à cette idée, qu'elles lisent la guerre de Jugurtha de Salluste, et elles seront bien étonnées de voir que la tribune romaine ne s'est pas fait faute d'attaquer les généraux qui commandaient contre Jugurtha, et que, loin qu'elle ait rien gâté par ses attaques, elle a servi les intérêts de la république. Jamais les partis ne furent plus acharnés qu'à ce moment. Ainsi un tribun du peuple ayant proposé une loi contre les fauteurs de Jugurtha, les patriciens voulurent éluder la loi par des délais et des ajournements ; mais, dit Sallustre, le peuple, avec une obstination incroyable, délibéra, vota et sanctionna la loi, séance tenante, bien plus par haine de la noblesse que cette loi menaçait que par amour de la république. Tel est l'acharnement des partis. *Magis odio, nobilitatis cui mala illa, perabantur quam cura republicoe : tanta libido in partibus !* Et bien ! Ces agitations et ces violences populaires eurent un bon effet sur la guerre de Jugurtha, car, au lieu des généraux envoyés jusque-là en Afrique, et que Jugurtha achetait d'abord et battait ensuite, Rome envoya Metellus et Marius ; et quand ce dernier, avant son départ, disait au peuple : « Ayez bonne confiance, Romains, dans l'issue de la guerre de Numidie, car vous avez écarté tout ce qui jusqu'ici protégeait Jugurtha, la cupidité, la sottise et l'orgueil, il avait raison, quoiqu'il eût raison avec l'insolence de l'esprit de parti. Dès que les Romains surent contenir leurs vices, Jugurtha perdit sa principale force, et il fut vaincu. Grace à Dieu, les torts, de nos généraux ne ressemblent pas aux torts des généraux romains, et ils n'ont pas besoin, pour être réparés, des remèdes énergiques et violents qu'invente la colère populaire. Les discussions tempérées de nos chambres suffisent à réparer le mal, quand il y en a ; et, selon moi, ces discussions aident au succès de nos expéditions, au lieu de leur nuire. Si le gouvernement n'avait pas trouvé dans les chambres une ferme résolution de garder l'Afrique, je suis persuadé qu'il n'aurait pas pu maintenir notre conquête, comme il l'a fait, et ces chambres qui discutent sur les expéditions et sur les généraux, ce qui déplaît à quelques adeptes du gouvernement militaire, ce sont elles qui ont sauvé Alger, au lieu de le perdre

Nous venons de voir de quelle manière Rome a conquis l'Afrique. Les causes de sa conquête furent son habileté à opposer les Numides aux Carthaginois et le Carthaginois aux Numides, la supériorité de sa discipline, l'influence de la civilisation, qui corrompit ses ennemis, et enfin sa persévérance, qui fut infatigable. Voyons maintenant de quelle manière Rome a organisé et administré sa conquête ; c'est ici surtout que nous trouverons des exemples à suivre et quelques-uns aussi à éviter.

Rome fut patiente pour conquérir l'Afrique, et elle fut patiente aussi pour la posséder. Ainsi, après la bataille de Zama, elle ne cherche pas à s'établir en Afrique, elle se contente d'étendre le royaume de Massinissa aux dépens du territoire de Carthage, sans cependant donner à son allié une trop grande prépondérance. On sait combien elle aimait à fonder des colonies dans les pays qu'elle avait conquis ; c'étaient des garnisons et des forteresses contre ses ennemis. Cependant, après la seconde guerre punique, elle ne donne pas encore des terres à ses soldats en Afrique, mais en Italie, dans le Samnium et dans l'Apulie. Avant de coloniser l'Afrique, Rome veut d'abord que l'Italie soit tout entière romaine ; ce n'est que plus tard, entre la troisième guerre punique et la guerre de Jugurtha (146-118 avant J.-C.), que Rome ouvrit l'Afrique aux Romains et aux Italie. Ils s'y jetèrent avec empressement : près de cent ans d'influence ou même de domination romaine avait préparé leur arrivée, et ils s'établirent dans les villes principales de l'Afrique. Quand Adherbal, poursuivi par Jugurtha, qui venait de faire tuer Hiempsal, s'enfuit à Cirtha (Constantine), ce sont des Romains ou des Italiens qui défendaient la ville contre Jugurtha. Il y avait donc dès cette époque à Constantine (118 avant J.-C.) un grand nombre d'Italiens établis, plutôt sans doute comme commerçants que comme propriétaires, car Salluste dit plus bas, en parlant de Vacca ou Vaga, ville numide qui était le principal marché de la Numidie, que beaucoup d'Italiens y habitaient et y faisaient le commerce.

Les commerçants italiens précédèrent donc en Afrique les propriétaires romains ; et quand ceux-ci s'y installèrent enfin, la conversion de la Numidie aux mœurs et aux idées romaines était déjà à moitié faite. Sous l'empire, au commencement du règne de Vespasien, il y avait dans la Mauritanie césarienne (province d'Alger) treize colonies romaines, et dans la Numidie (qui comprenait la province de Constantine) douze colonies. Mais il ne faut pas croire que ces vingt-cinq colonies représentent en Afrique tout ce qui appartenait aux Romains ; la propriété romaine en Afrique était à cette époque bien plus étendue ; les grands de Rome y possédaient des domaines immenses, et Pline dit qu'il y avait six propriétaires qui possédaient, entre eux six, la moitié de l'Afrique, quand Néron les fit périr. Cette phrase curieuse nous explique à la fois l'étendue de la propriété romaine en Afrique et sa constitution.

Que résulte-t-il de ces faits ? d'abord que la propriété romaine fut lente à s'établir en Afrique, et que les Romains attendirent prudemment que la conquête fût complète pour se substituer aux propriétaires du pays. Mais une fois commencée, cette substitution fut rapide, et la propriété romaine s'organisa en Afrique comme elle était alors organisée en Italie, c'est-à-dire qu'il y eut d'immenses domaines appartenant à un très petit nombre de grands, et cultivés pour eux par des esclaves. La grande propriété, dit Pline, a fait la ruine de l'Italie, *latifundia Italiam perdidere*, parce que, substituant la grande exploitation à la petite, il arriva de là que le jour où le grand propriétaire était, ou proscrit par les empereurs, ou forcé d'aller s'établir à Byzance, ou ruiné par les incursions des barbares (et ce furent là, selon les temps, les trois causes principales de la chute de grandes familles romaines), ce jour-là, il y avait la moitié ou le quart d'une province livrée à l'abandon et à la stérilité, et la campagne romaine ne s'est jamais relevée de ce coup porté à sa vieille fécondité. En Afrique, le genre de culture du pays se prêtait fort bien la grande propriété, car c'était un pays à blé : l'aristocratie romaine s'y fit donc aussi de vastes domaines dont le revenu était sûr, car c'était le blé de l'Afrique qui nourrissait Rome et l'Italie. Ici nous touchons à un des plus curieux rapports établis entre Rome et l'Afrique.

En agriculture comme en politique, les Romains avaient l'avantage, en Afrique, d'hériter des œuvres des Carthaginois. Carthage honorait toutes les sources de la richesse, l'agriculture comme le commerce ; et un de ses plus grands hommes, Magon, après avoir longtemps commandé les armées, revint cultiver ses champs et écrivit sur l'agriculture un ouvrage si estimé, qu'après la prise de Carthage le sénat ordonna qu'il fût traduit en latin. Rome trouva donc l'Afrique fertile et cultivée, grace aux soins des Carthaginois, non que ceux-ci eussent cherché à introduire partout en Afrique les meilleurs procédés de culture et à changer brusquement les habitudes de l'agriculture indigène. Les peuples qui veulent fonder quelque chose ne commencent pas par tout déranger. Carthage laissa aux peuples indigènes leur vieille agriculture, et elle les obligea à cultiver assidûment leurs terres, en se faisant payer en blé le tribut qu'elle leur avait imposé. Mais autour de Carthage, et dans les lieux où les Carthaginois n'avaient ni périls ni ennemis, l'agriculture était plus parfaite : c'est là qu'on suivait les préceptes savants de Magon ; c'est là que, selon sa manière fondamentale, les citoyens de Carthage venaient s'établir dans leur maison des champs, après avoir d'abord vendu leur maison de ville, afin de n'être point moitié citadins et moitié campagnards, ce qui est la manière de ne faire de bonnes affaires nulle part. Il y avait donc, en Afrique, sous les Carthaginois, en allant des côtes vers les montagnes qui fermaient l'intérieur du pays, il y avait plusieurs degrés d'agriculture, depuis l'agriculture savante des Carthaginois, jusqu'à l'agriculture plus grossière des indigènes. Mais peu à peut et par le progrès naturel du temps, ces degrés se touchaient de plus près, et l'agriculture s'améliorait de proche en proche. Après la conquête romaine, comme la propriété ne passa pas tout à coup entre les mains des Romains, et que la substitution se fit lentement, il n'y eut point de secousse ni d'interruption dans la culture du pays : la terre fut toujours cultivée, et l'Afrique garda sa fertilité.

À la même époque, les campagnes de l'Italie se changeant peu à peu en jardins de plaisance pour satisfaire au luxe des patriciens de Rome, l'Afrique fut chargée, avec la Sicile, de nourrir l'Italie, devenue trop fière pour gagner son pain à la sueur de son front. Rome ne demandait plus à ses empereurs que du pain et des spectacles, et l'Afrique était excellente pour ces deux choses, car elle avait beaucoup de blé et beaucoup de bêtes féroces, qui venaient, dans les jeux du cirque, se déchirer entre elles ou déchirer des hommes pour amuser les Romains. De là, l'importance qu'avait pour les empereurs la province d'Afrique. L'Afrique tenait, pour ainsi dire, entre ses mains le destin des empereurs ; en effet, quand le peuple romain était affamé ou oisif, il se révoltait et détrônait ses maîtres.

C'était une femme qui, sous Néron, avait la première compris ou révélé ce secret d'état. Crispinilla, qui avait été la première maîtresse de débauche de Néron, passa en Afrique pour faire révolter Claudius Macer, et sa première arme coutre Galba était d'affamer Rome en arrêtant l'annone (l'envoi annuel du blé destiné à la nourriture du peuple). Quand Vespasien disputa l'empire à Vitellius, ce fut aussi en s'emparant de l'Égypte et de l'Afrique, les deux greniers de l'empire, qu'il chercha à détruire son adversaire (*clausis annonæ subsidiis, inopiam ac discordiam hosti facturus*). Non seulement la vie du peuple romain et le repos de l'empire dépendaient des récoltes de l'Afrique ; ils dépendaient aussi des flots et des vents. Sous Claude, les vents ayant retardé l'arrivée du blé d'Afrique, Rome n'avait plus que quinze jours de vivres, ce qui causa une sédition. Le peuple entoura Claude, qui rendait la justice sur son tribunal, et le poussa avec des cris tumultueux jusque dans un coin du forum, où le pauvre empereur fut à grand'peine délivré par les prétoriens, qui dispersèrent la foule. Autrefois, s'écrie Tacite à ce sujet, c'était l'Italie qui nourrissait les pays les plus éloignés ; aujourd'hui, elle ne peut même plus se suffire à elle-même ; ce sont les sueurs de l'Afrique et de l'Égypte qui nous nourrissent, et la vie du peuple romain est livrée aux hasards de la mer !

Jusque dans les derniers temps de l'empire, l'Afrique garda le privilège de nourrir Rome. A cette époque, Rome, déjà moins fière ne demandait plus à ses maîtres que du pain, et ce pain, Gildon le retenait, s'étant révolté en Afrique contre L'empereur Honorins. C'est alors aussi que Salvien disait avec une cruelle ironie que le barbares, en prenant l'Afrique, avaient pris l'âme de la république, parce qu'aux yeux du censeur chrétien cette vieille société matérialiste n'avait d'âme que le pain qu'elle mangeait.

L'annone africaine étant un des ressorts du gouvernement impérial, je m'explique aisément comment Néron fit périr les six propriétaires de la moitié de l'Afrique. Néron gagnait doublement à leur mort : d'abord il se débarrassait d'hommes qui pouvaient, par la famine, exciter une sédition à Rome, et de plus, par la confiscation de leurs biens, il enrichissait le domaine impérial et le mettait en état de satisfaire à la faim du peuple romain, la faim, seule et dernière mais terrible puissance qu'eût gardée le peuple romain. Les domaines confisqués faisaient en Afrique une administration particulière dont le chef s'appelait le préfet des fonds patrimoniaux, *prœfectus fundorum patrimonialium*, tant on s'inquiétait peu de dissimuler l'origine de ces biens. Je m'explique aussi comment on interdisait l'Afrique aux exilés ; ce n'était pas seulement parce qu'ils y auraient trop retrouvé les douceurs de la civilisation romaine : c'est parce que les empereurs ne se souciaient guère de peupler de mécontents une- province, dont dépendait le repos de l'empire.

Ainsi, sous les Romains, l'Afrique était admirablement fertile, puisqu'elle nourrissait l'Italie. Ainsi la propriété était entre les mains des Romains puisque les empereurs reprenaient par la confiscation ce que les grands de Rome avaient pris peut-être aux indigènes par l'expropriation ; mais l'expropriation, j'ai besoin de le répéter, s'était faite lentement et à mesure que la puissance romaine s'était consolidée.

Nous venons de voir l'état de l'agriculture et l'état de la propriété ; voyons maintenant l'organisation du gouvernement des Romains en Afrique. Je ne parle pas ici de la hiérarchie administrative des employés romains en Afrique ; je parle des moyens à l'aide desquels le pays était gouverné.

Ce qui fait, à mes yeux, le mérite principal du gouvernement des mains c'est sa diversité infinie. Ils ne s'étonnaient pas des différences de mœurs, de lois et d'institutions, et ne cherchaient pas à établir l'uniformité. Ils avaient le génie de gouvernement et non l'esprit de système. Rome laissait à chaque peuple et à chaque cité ses lois et ses institutions locales. Sous les Romains, les Grecs avaient encore leurs places publiques, leurs orateurs, leurs luttes de paroles ; ils avaient des partis et des haines ; ils s'exilaient, ils se condamnaient les uns les autres ; ils se trouvaient presque libres, se sentait toujours divisés et ennemis. Sous les Romains, les villes de l'Italie avaient gardé leurs municipes. Le monde enfin avait été conquis sans être dérangé, et voilà pourquoi il obéissait aisément. Nulle part cette sage diversité du gouvernement des Romains n'est plus sensible qu'en Afrique. Comme il y avait en Afrique, entre les diverses populations, différents degrés de civilisation, les Romains ne songèrent pas à gouverner les unes comme les autres, et ils approprièrent leurs moyens de domination ou d'influence au caractère de la population et de la contrée. Jusqu'à la conquête définitive de l'Afrique, c'est-à-dire jusqu'à la réduction en provinces romaines de la Mauritanie césarienne et de la Mauritanie tingitane (43 ans après Jésus-Christ), Rome eut pour politique de gouverner le pays par l'entremise de princes indigènes. Ainsi, après la prise de Carthage, elle fit, il est vrai, d'une partie des possessions carthaginoises une province romaine ; mais elle agrandit le royaume de

Numidie. Après la destruction de Jugurtha, elle conserva encore le royaume de Numidie, qu'elle affaiblit seulement en augmentant le royaume de Mauritanie, que possédait Docchus, qui lui avait livré Jugurtha.

César après la défaite de Juba Ier, fit de la Numidie une province romaine, et Auguste des deux Mauritanies, la Césarienne et la Tingitane (les provinces d'Alger et d'Oran) ; fit aussi une province romaine ; mais bientôt il reconnut qu'il s'était trop hâté, et, alors prenant une portion de la province de Numidie, il en créa un royaume qu'il donna à Juba II. Puis, quand l'influence de cette ombre d'un pouvoir national eut apaisé les haines qu'avait excitées contre Rome le gouvernement de l'historien Salluste, qui pilla effrontément sa province et revint à Rome écrire de belles phrases contre les patriciens déprédateurs du siècle de Jugurtha, Auguste reprit à Juba ce royaume de Numidie et lui en fit un autre des deux Mauritanies, encore quelque peu barbares. Juba les façonna à leur tour au joug de Rome, et, l'œuvre accomplie, Rome reprit à son fils Ptolémée ce nouveau royaume. Après la réduction de ce royaume en province romaine, Rome ne renonça même pas encore à se servir en Afrique de l'entremise des chefs indigènes.

Sur les côtes, tout était Romain, les magistrats et les habitants les lois et les mœurs ; mais dans l'intérieur du pays, et surtout dans les deux Mauritanies, le pouvoir était partagé avec les chefs des tribus indigènes. Là, le gouvernement était mixte comme la population elle-même. L'histoire de la révolte de Firmus sous Valentinien fait connaître l'état singulier de ce pays. Nous y voyons des espèces de principautés désignées par les Romains sous le nom de *fundi*, ayant une petite forteresse qui sert de centre et où habite le chef. Ce chef paie tribut aux Romains ; il est pourtant presque indépendant. Ainsi Firmus est fils d'un petit roi maure de ce genre, nommé Nubal ; et ce Nubal a beaucoup d'enfants, dont les uns sont au service des Romains, comme Zamma et Gildon, et dont les autres sont des chefs de tribus, tantôt soumises aux Romains et tantôt révoltées. Parmi ces tribus habitent des Italiens, des chrétiens, dont les évêques sont même employés par Firmus auprès du général Théodose pour obtenir la paix. Souvent aussi la même peuplade a un chef indigène et un préfet romain. C'est en fin le plus singulier mélange d'autorités diverses et d'idées contradictoires, car les mêmes tribus qui se révoltent contre Rome semblent cependant lui reconnaître une sorte de suprématie et le droit de conférer le pouvoir. Ainsi, quand Firmus se déclare indépendant, c'est un tribun des troupes romaines, passé sous les drapeaux des rebelles, qui le couronne avec un collier militaire, et cet ornement semble un diadème légitime, parce qu'il est romain. Il y a plus : les tribus indépendantes des montagnes ne reconnaissent pour chef que celui à qui l'empereur a conféré les insignes du commandement. Singulier hommage rendu à la grandeur romaine, et qui n'a point droit de nous étonner, car au moyen-âge il fallait que les empereurs d'Allemagne allassent aussi se faire couronner à Rome, qui semblait encore le sanctuaire du pouvoir. Les empereurs pouvaient combattre le pontife romain, mais ils devaient recevoir de lui l'investiture souveraine.

Qu'il me soit permis, à ce sujet, de faire un rapprochement et une réflexion.

Cette idée que les Maures avaient des Romains et de leur droit de suprématie, nous l'avons retrouvée en Afrique, et nous nous en sommes servis ; mais nous ne nous en sommes pas servis avec assez de confiance. Habitués à obéir au maître d'Alger, les Arabes, après la conquête, nous demandaient des chefs, et nous leur en avons donné. Malheureusement ils se sont bien vite aperçus que nous n'avions pas, en leur donnant des chefs, la même idée qu'ils avaient en nous les demandant. Comme c'est le peuple le moins révolutionnaire du monde, quoique le moins docile au joug, ils paraissent croire que le pouvoir n'est pas quelque chose d'humain et qu'on peut créer à volonté. Aussi ils le cherchent non point en eux-mêmes, non point dans la tribu rassemblée, ils le cherchent dans ce qu'ils sentent au-dessus d'eux, dans la force victorieuse et conquérante qui brise les murailles, ou dans la religion qui inspire les prophètes, dans les Français qui ont conquis Alger, ou dans le descendant des marabouts, dans Abd-el-Kader. Quant à nous, notre tort peut-être, c'est de n'avoir pas cru davantage à la légitimité de notre pouvoir. Mais, hélas ! comment croire en Afrique que le pouvoir est quelque chose de divin quand on vient à Paris de le briser en trois jours comme quelque chose d'humain et de le briser justement, si bien que contre l'idée de la divinité du pouvoir il y avait pour nous les deux plus puissants arguments de la terre, le souvenir de son injustice et l'exemple de sa faiblesse ? Voilà, disons-le franchement, ce qui nous a trompés ; voilà pourquoi il nous a paru tout simple, à la Tafna, de traiter avec Abd-el-Kader. N'était-ce pas un pouvoir légitime, puisque c'était un pouvoir né du pays et créé par le consentement des tribus ? Aussi l'avons-nous reconnu, et par là nous lui avons, pour ainsi, dire donné l'investiture qui lui manquait, et nous l'avons donnée, ce qu'il y a de pis, en révélant du même coup aux

Arabes que nous ne croyions pas avoir le droit de la donner.

Mieux avisés que nous de ce côté, les Romains ont toujours paru mandement penser qu'il y avait en eux je ne sais quel droit mystérieux de commandement.

Tu regere imperio populos, Romane, memento.

Ils se sont crus nés pour l'empire ; aussi ont-ils régné. Dès la république, sénat, quand il voulait récompenser les rois alliés, leur envoyait quelques insignes des magistratures romaines, une chaise curule, un bâton d'ivoire, comme pour consacrer et fortifier par là leur pouvoir, et c'est dans ce sens que ces emblèmes d'autorité étaient reçus. Plus tard, les empereurs conféraient aussi aux rois barbares les titres de patrice et de consul, avec les marques distinctives de ces dignités, et ces rois croyaient que cela ajoutait quelque chose à leur puissance, tant le pouvoir suprême semblait appartenir naturellement à Rome.

Au surplus, la domination romaine en Afrique n'était pas seulement représentée par cette investiture que les chefs maures venaient lui demander ; elle avait d'autres moyens de force. Outre les légions qui campaient en Afrique, il y avait, sur les frontières des possessions romaines, des colonies militaires sous le nom de *milites limitanei*, qui cultivaient et défendaient le sol. Ces soldats se mêlaient par des mariages aux habitants du pays et formaient une population mixte, mais où dominaient les mœurs et les idées romaines.

Ainsi, dans le gouvernement des Romains en Afrique, il n'y avait rien de systématique, tout était divers, parce que le pays lui-même avait des degrés fort divers de civilisation sur la côte où les Romains avaient depuis longtemps remplacé les Carthaginois, tout était romain, lois, mœurs et langage, et quand Saint Augustin haranguait les habitants de ces villes maritimes, il traduisait en latin les proverbes puniques, parce que son auditoire n'entendait pas le punique. Autour de ces villes, les terres appartenaient aux grands propriétaires romains ou au fisc, qui les faisaient cultiver par les anciens possesseurs, déjà réduits à l'état de serfs.

Au-delà de cette bande plus ou moins large des villes et des terres romaines en

Afrique, étaient les *fundi*, habités par des tribus sédentaires gouvernées par des chefs du pays, et parmi ces chefs, les uns se faisaient tout-à-fait romains et servaient sous les drapeaux des empereurs, les autres restaient plus isolés et plus indépendants. Outre les Maures sédentaires des *fundi*, il y avait des Maures nomades qui dépendaient aussi des Romains, car les Maures étaient tour à tour nomades ou agriculteurs, selon la nature de la contrée qu'ils occupaient. A côté des *fundi*, étaient les colonies militaires, sorte de garnisons romaines placées sur la frontière. Au-delà, enfin, étaient les populations indépendantes, qui, pourtant, n'avaient de chefs que ceux que Rome investissait du commandement. Il y avait, donc en Afrique trois zones différentes, la zone civilisée, celle de la côte et des terres placées autour des villes, la zone demi-civilisée et demi-barbare, celle de *fundi* et des colonies militaires, et enfin la zone barbare.

Avec quelque sagesse que le gouvernement des Romains fût approprié à ces différentes zones, il y a une chimère cependant que Rome n'a jamais possédée, je veux dire cette Afrique tranquille et calme que nous rêvons impatiemment, cette Afrique pleine de tribus maures résignées au joug, et de villes européennes vivant doucement sous la loi de gouverneurs toujours justes et toujours honnêtes.

Pendant la domination romaine, l'Afrique civilisée se plaignait fort souvent de ses gouverneurs, tantôt à tort, tantôt avec raison, et l'Afrique barbare se révoltait aussi fort souvent. C'est par ces deux derniers traits que je veux finir le tableau de la domination romaine en Afrique, ne fût-ce que pour nous engager à ne pas croire trop de mal de nous et de nos efforts en Afrique, en croyant trop de bien de nos devanciers.

Les plaintes que les villes africaines adressaient à l'empereur et au sénat romain accusaient parfois la cruauté des gouverneurs, mais plus souvent leur cupidité ; car c'est là le vice dominant des vieilles civilisations. La cruauté était ordinairement condamnée, et la cupidité acquittée. Tacite explique cela d'une façon piquante et d'un mot : « Silvanus, dit-il, fut absous, il était riche, sans enfants et vieux ; mais sa vieillesse dura plus que la vie de ceux qui l'avaient absous pour en hériter. »

Quelquefois aussi le gouverneur était accusé parce qu'il était juste et ne voulait pas céder aux prétentions des habitants ; ainsi les Cyrénéens, s'étant emparés des terres qui faisaient partie du domaine public, accusaient vivement Acilius Strabon, qui les revendiquait au nom de l'état.

Pendant que l'Afrique civilisée faisait des procès à ses gouverneurs, l'Afrique barbare se révoltait. La révolte de Tacfarinas, sous Tibère, a cela de curieux, qu'elle éclata au moment où la puissance romaine semblait le plus affermis, comme pour montrer qu'il y a dans toutes les dominations établies en Afrique un coin d'instabilité qu'on ne peut pas éviter, mais qu'il ne faut pas s'exagérer par la crainte. Tacfarinas était un Numide qui avait servi d'abord sous le drapeau des Romains, mais qui, ayant déserté, s'était mis à la tête d'une bande de pillards. Quelques incursions heureuses ayant enrichi sa bande, il eut bientôt une petite armée, et enfin il devint le chef des Musulmans, nation puissante qui, selon Tacite, vivait près des déserts de l'Afrique et ne connaissait pas l'usage des villes et des maisons. Furius Camillus, proconsul d'Afrique, marcha contre lui et le vainquit.

Depuis le sauveur de Rome, les Furius Camillus étaient restés obscurs. « Cette obscurité, dit Tacite, fit que Tibère loua volontiers Camille dans le sénat, qu'il lui fit accorder les insignes du triomphe et que même cette gloire ne lui coûta pas la vie. » Mais le propre de guerres d'Afrique, nous le savons, c'est que les victoires y sont inutiles. Tacfarinas, quoique vaincu, reparut bientôt, et évitant le combat, fuyant quand il était attaqué, attaquant quand les Romains rentraient dans leurs camps fortifiés, il prolongeait la guerre et les périls de l'Afrique. Il fallut envoyer de Rome des troupes et un général, et Tibère choisit Blesus, l'oncle de Séjan. Le succès justifia ce choix de faveur. Avant l'arrivée de Blesus en Afrique, Tacfarinas, enorgueilli de ses succès, avait osé proposer la paix à l'empereur en demandant des terres pour lui et pour ses troupes. Nous reconnaissons là la demande que feront plus tard les barbares du Nord, et voilà comment l'empire sera, pour ainsi dire disloqué et pénétré de tous côtés par les barbares avant d'être conquis. Blesus reçut de Tibère l'ordre de chercher à.

gagner les soldats de Tacfarinas par l'espoir du pardon ou des récompenses, mais de s'emparer du chef, à quelque prix que ce fût. J'aime cette colère de Tibère à l'idée de traiter avec Tacfarinas, et ce soin qu'il met à ne pas reconnaître en Afrique d'autre puissance que celle de Rome. Blesus fit la guerre dans cet esprit, et ce qui était de bonne politique fut aussi une bonne stratégique. L'art de Tacfarinas était d'éviter les batailles rangées, de partager son armée en petites bandes et de multiplier ses attaques. Blesus l'imita pour le vaincre. Il lui fit, si je puis ainsi parler, une guerre de gendarmerie ; il avait d'abord partagé son armée en trois corps ; il la partagea bientôt en petits détachements, avec un centurion d'une valeur éprouvée à la tête de chaque détachement, et le pays fut couvert d'un réseau de soldats romains, qui rendit vaines toutes les ruses de Tacfarinas. Cependant Blesus ne prit pas Tacfarinas ; il retourna à Rome, et eut une statue couronnée de lauriers. « (Mais, dit Tacite, il y avait déjà à Rome trois statues couronnées de lauriers en mémoire de nos victoires en Afrique, et cependant Tacfarinas ravageait encore la province. » Tibère, après le succès de Blesus, s'était attaché à faire croire que la guerre était finie ; il avait même rappelé une légion, et Dolabella, proconsul d'Afrique, n'avait pas osé la retenir, craignant moins les échecs d'une guerre que la colère du prince.

Tacfarinas alors, profitant de cette faute, répandit partout que « l'empire romain était attaqué de toutes parts, et que c'était pour cela que les légions abandonnaient peu à peu l'Afrique ; que le moment était venu de changer en fuite cette retraite. » Dolabella, quoiqu'il eût peu de troupes, marcha hardiment contre lui, et, s'aidant des troupes de Ptolémée, roi de Mauritanie, il partagea, comme Blesus, son armée en plusieurs corps, et enfin grâce à la rapidité de ses marches, il parvint à surprendre son ennemi. Le combat fut sanglant, mais les Romains furent vainqueurs et surtout Tacfarinas y périt. Sa mort mit fin à la guerre.

La révolte de Tacfarinas était une révolte tout africaine, et ce n'était point de cette manière que Rome devait perdre l'Afrique, puisqu'il semble être dans la destinée de ce pays de ne jamais s'appartenir. Les révoltés que Rome devait craindre en Afrique, c'étaient ses propres généraux. Les usurpateurs étaient plus dangereux pour elle que les libérateurs. Boniface fut l'usurpateur qui (en 427) ôta l'Afrique aux Romains. Mais ce que nous devons remarquer en finissant et ce qui revient au sujet de nos recherches, c'est que la révolte de Boniface ne profita ni à lui ni aux Maures, ni à lui qui étant à la tête d'une de ces armées romaines composées de Romains et de Numides, pouvait fonder en

Afrique une sorte de puissance mixte (et déjà sous Valentinien Firmus avait fait cette tentative), ni aux Maures, qui ne purent pas non plus, à cette occasion, fonder une puissance africaine. Alors, comme toujours, ce fut une puissance étrangère, les Vandales, qui vinrent s'installer en Afrique. Il n'y a que celles-là en effet qui peuvent s'y établir et y durer, mais à la condition de toujours combattre.

www.ingramcontent.com/pod-product-compliance
Lightning Source LLC
LaVergne TN
LVHW011358080426
835511LV00005B/335